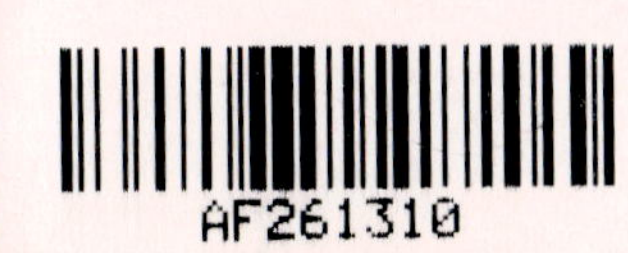

AF261310

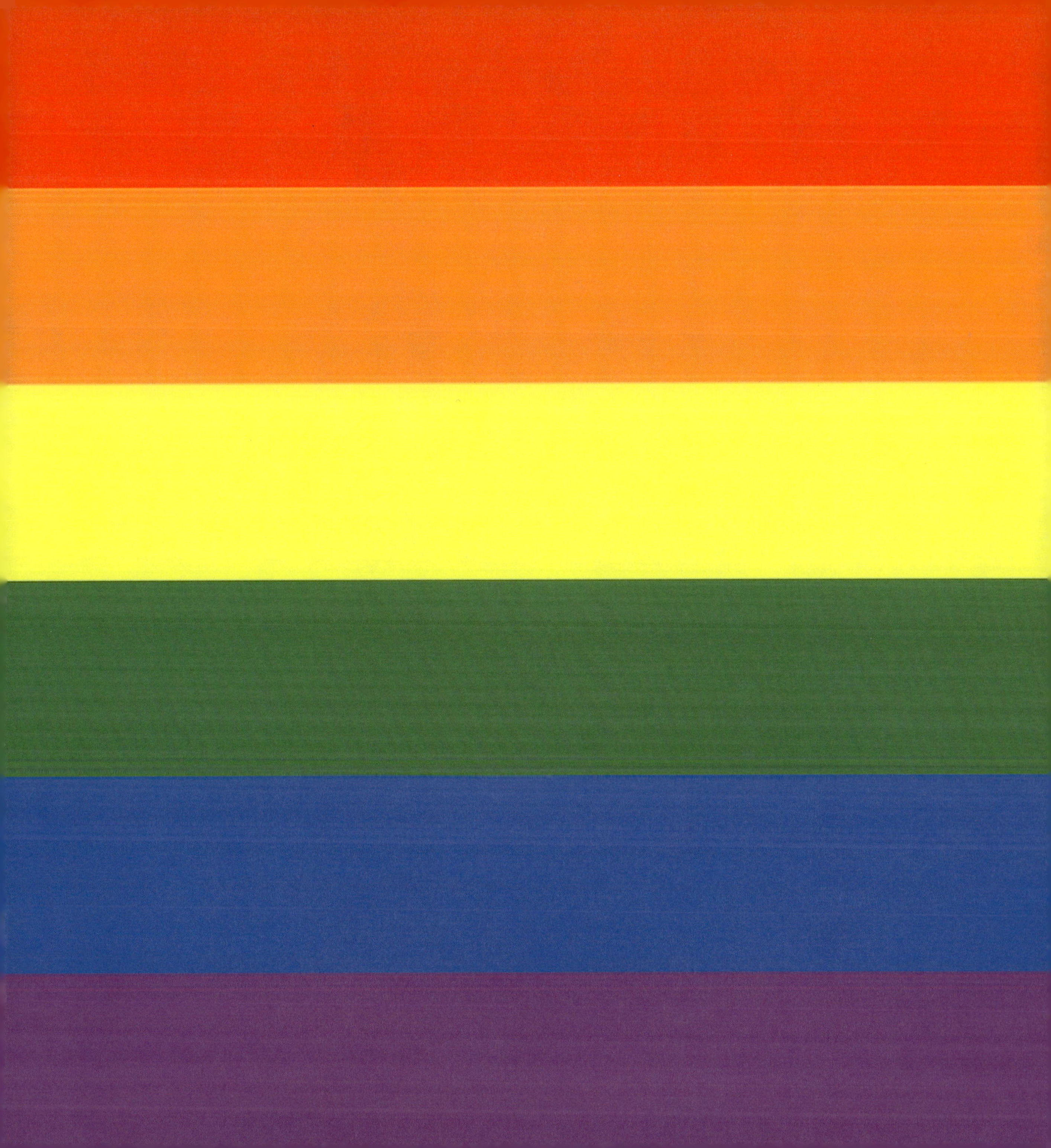

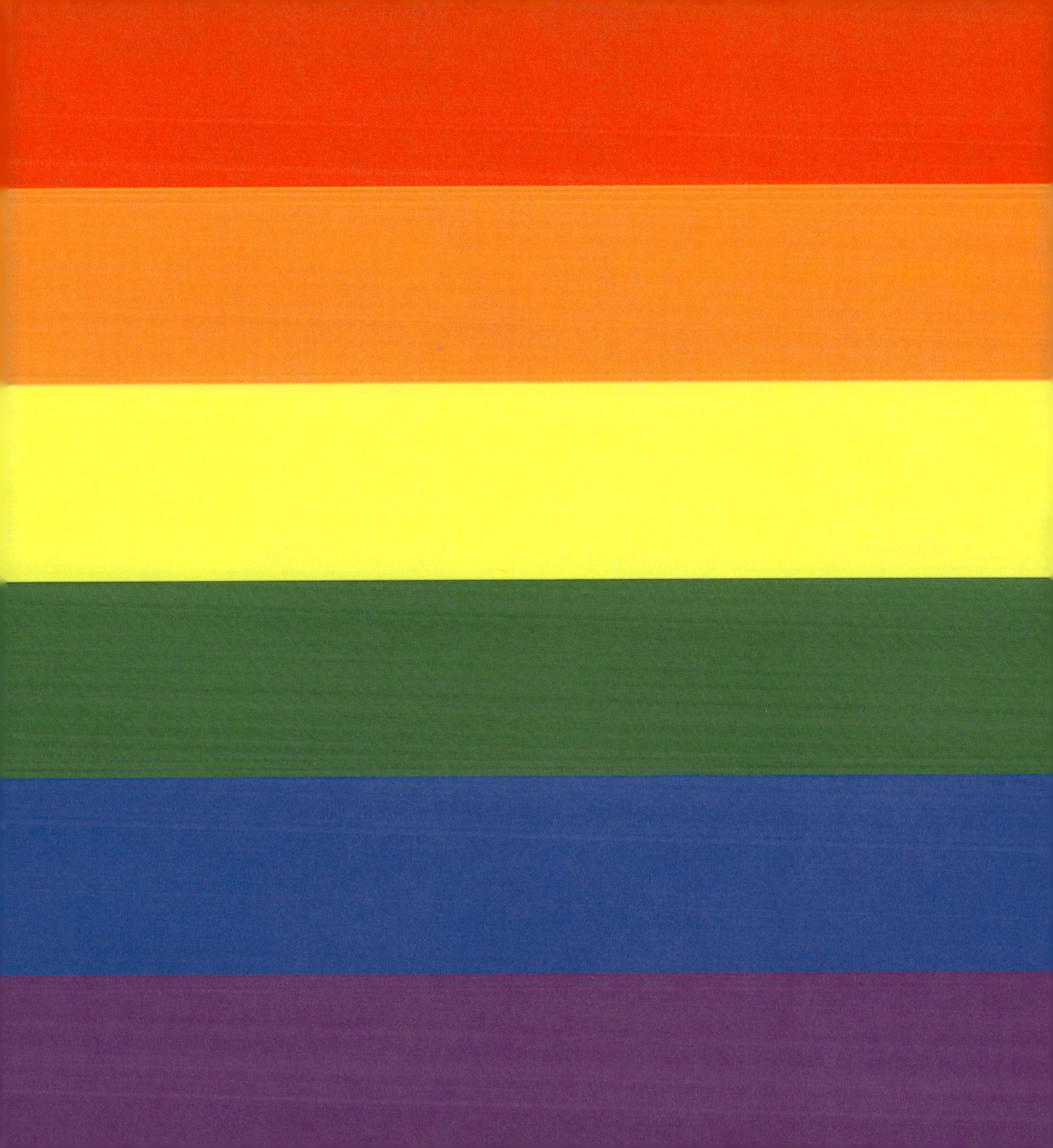

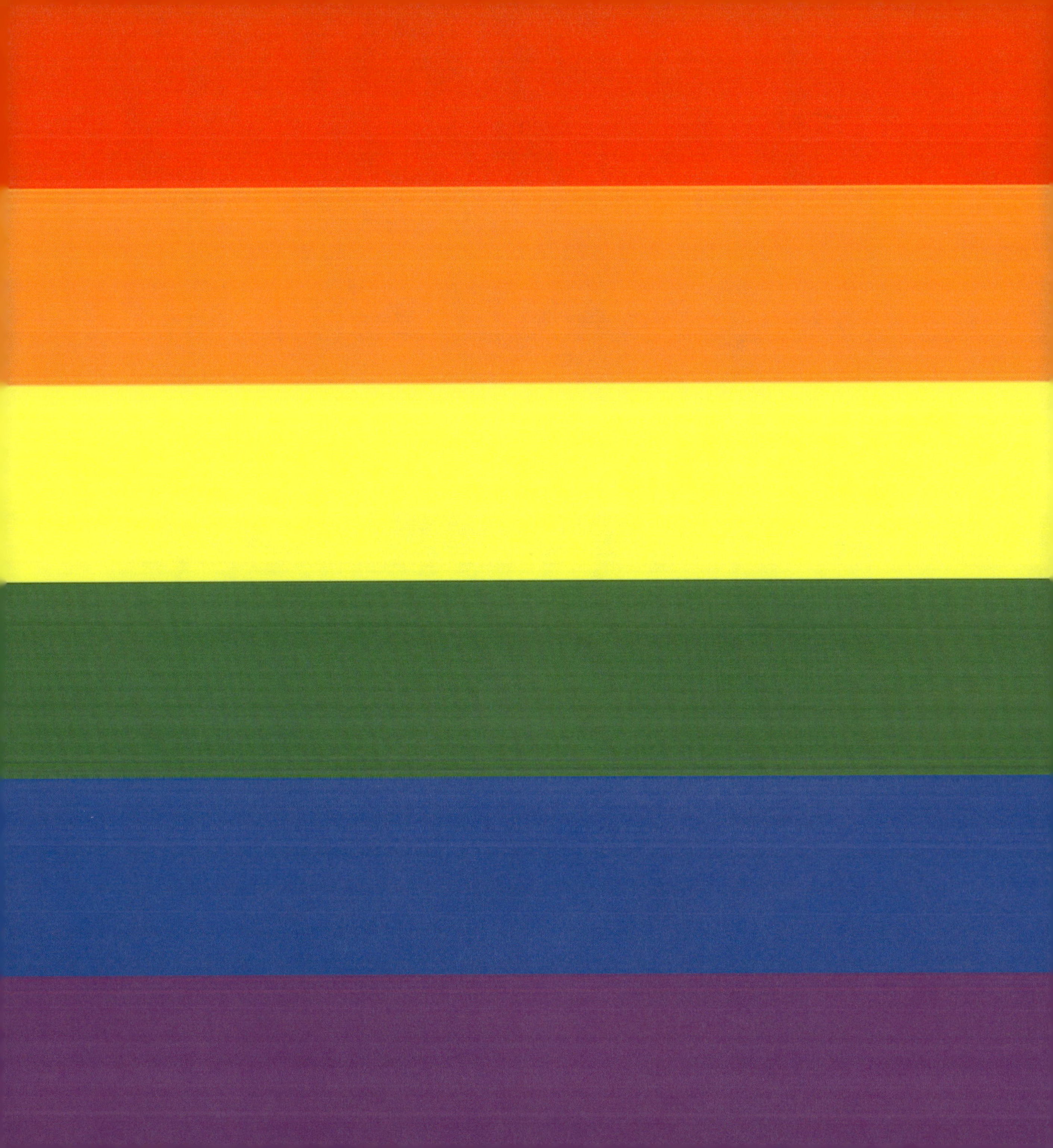

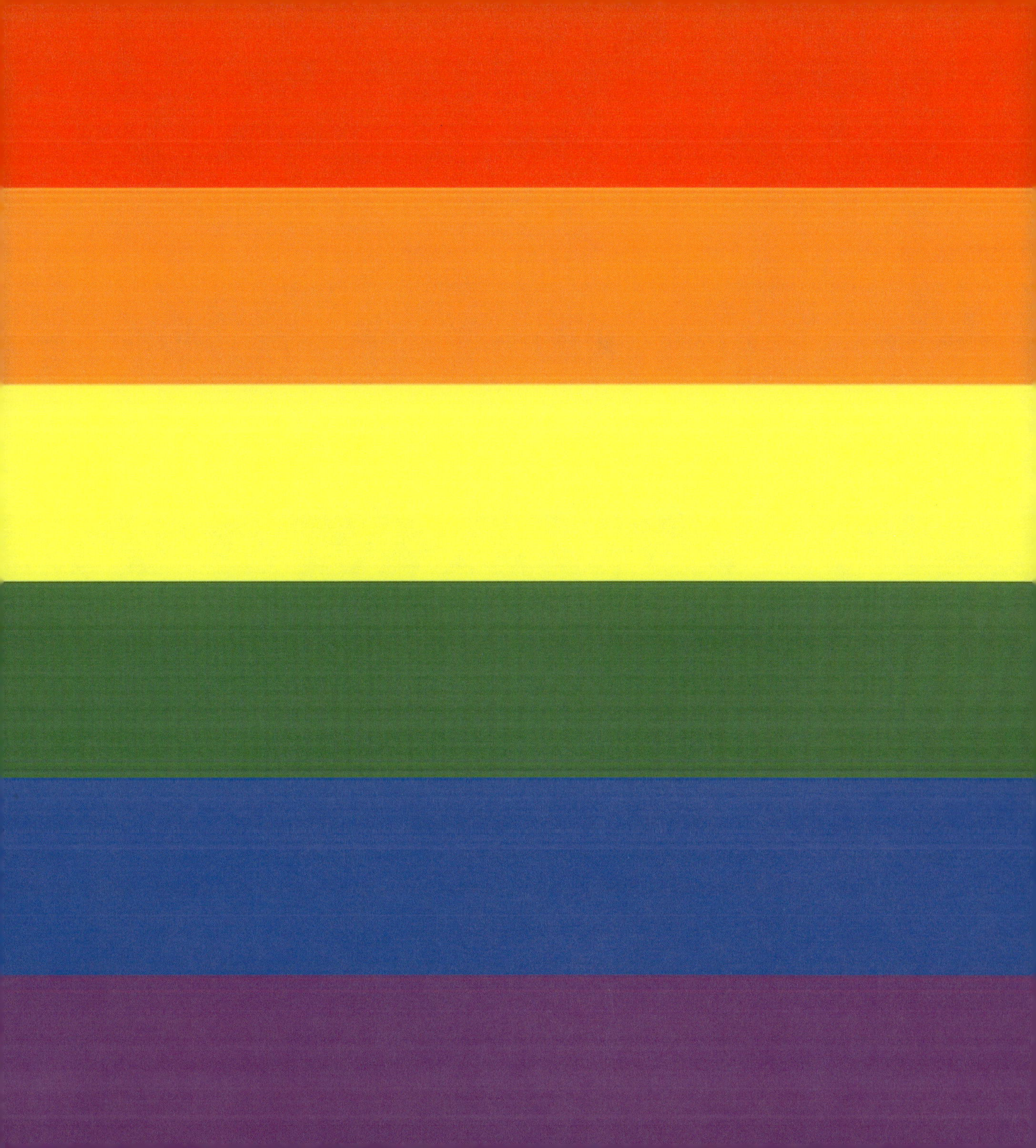

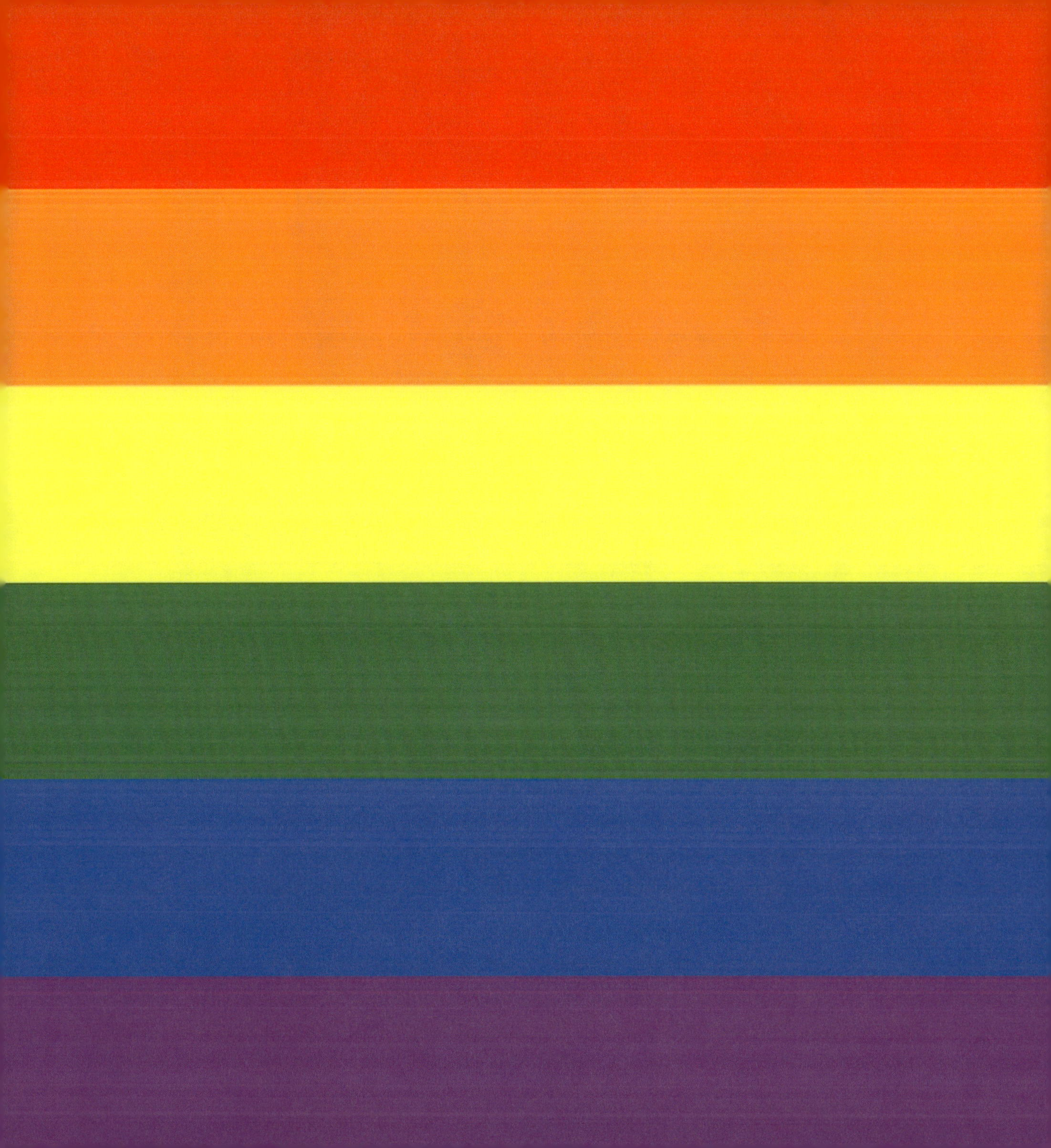

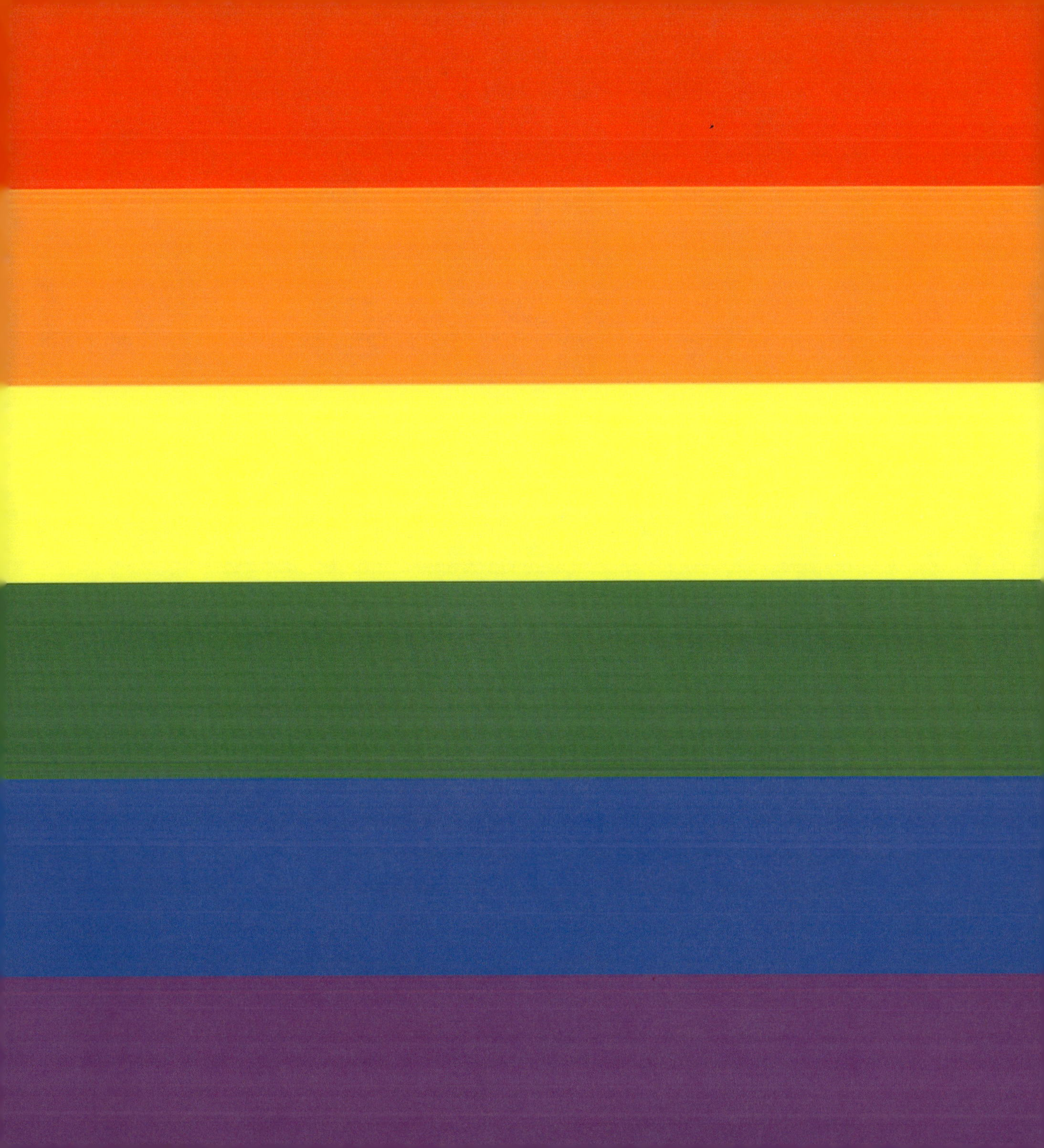

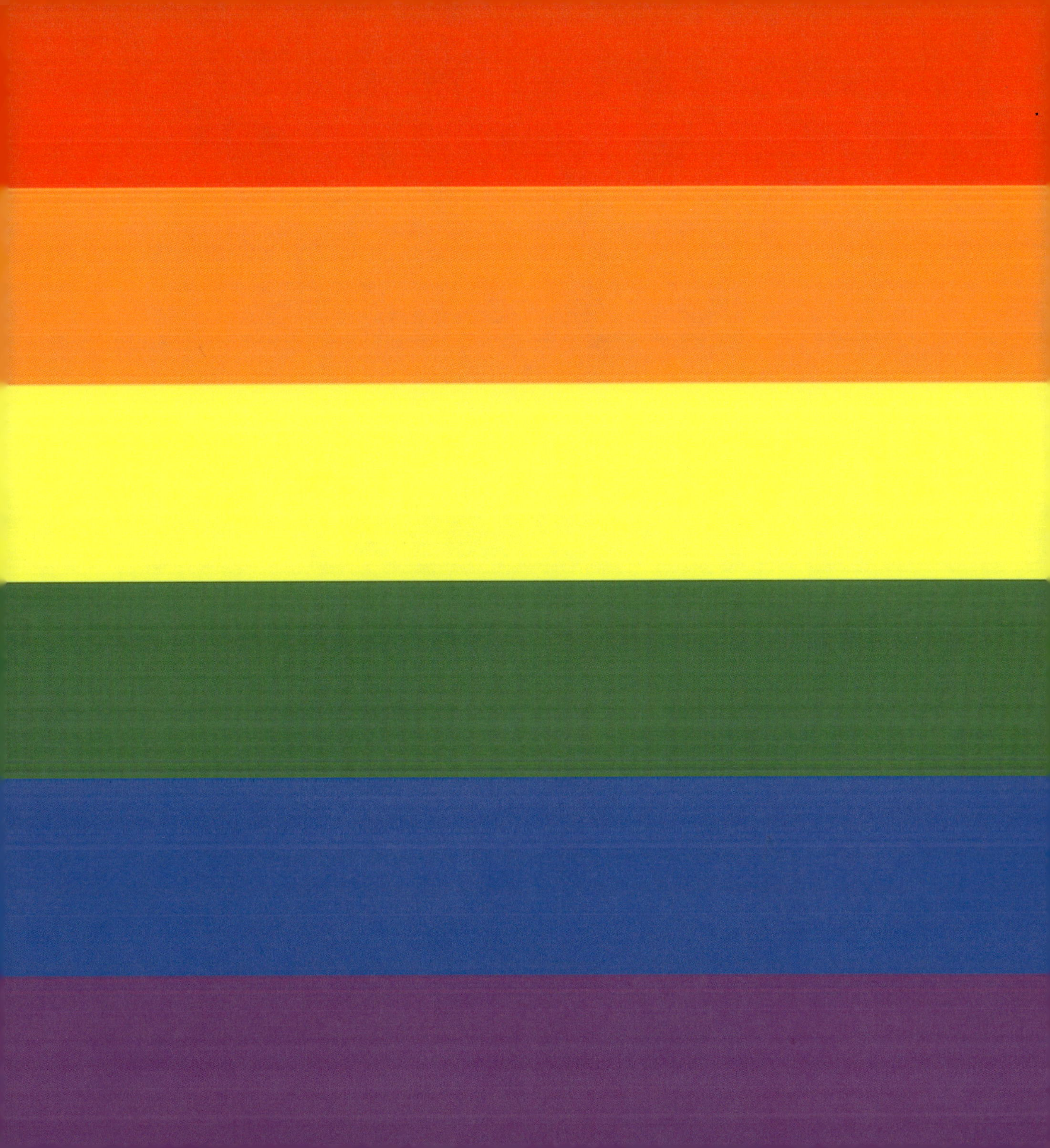

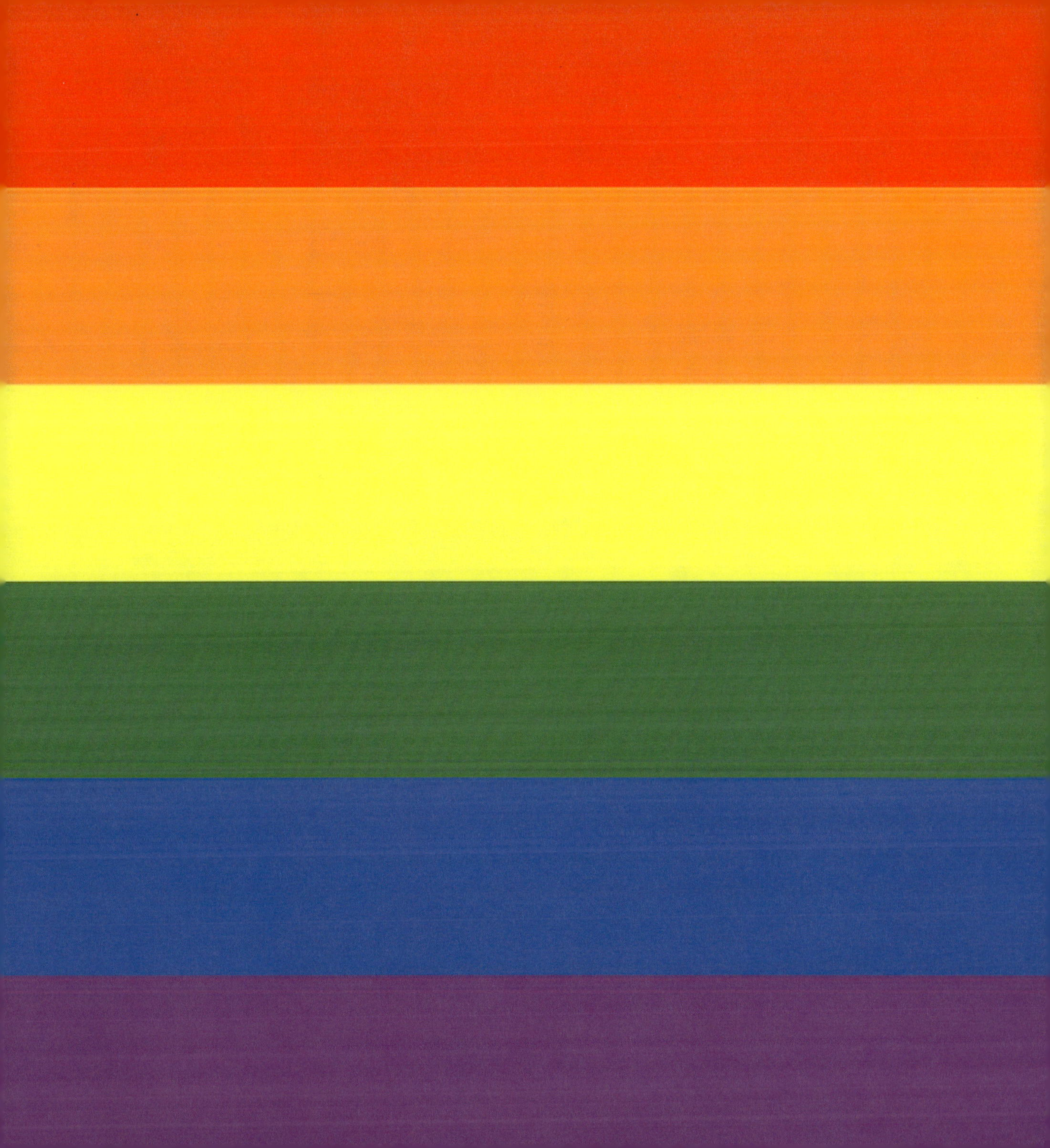

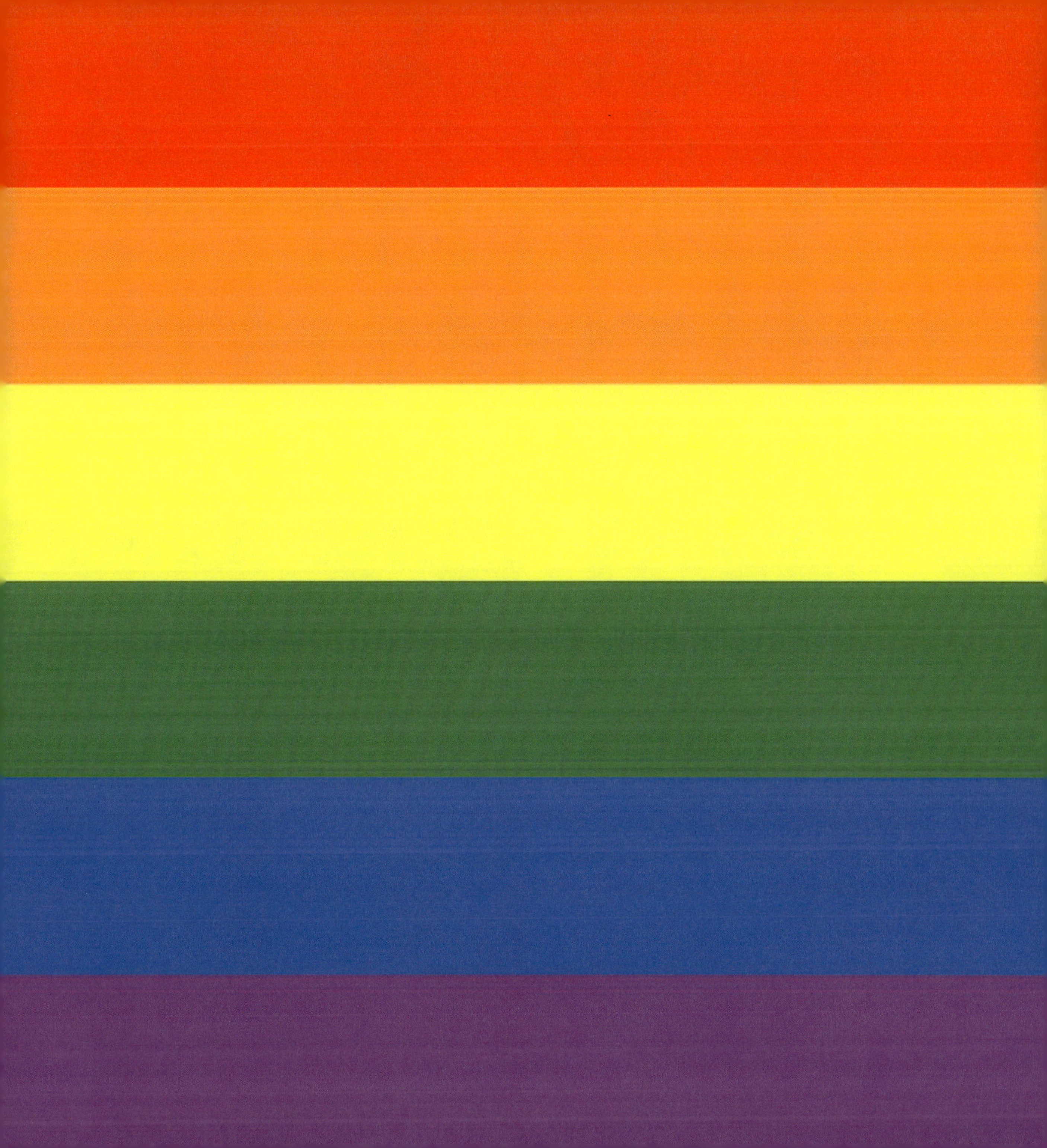

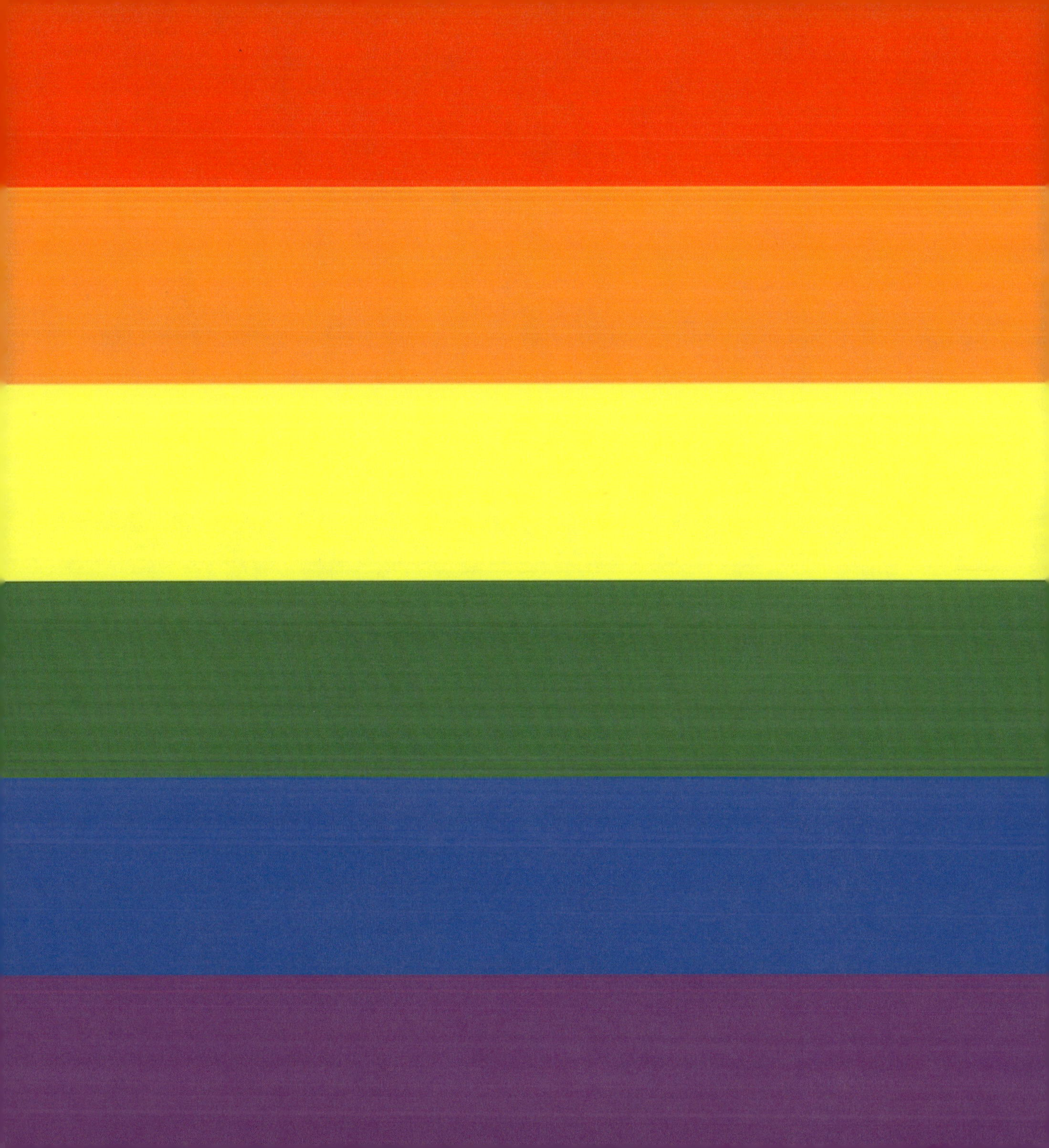

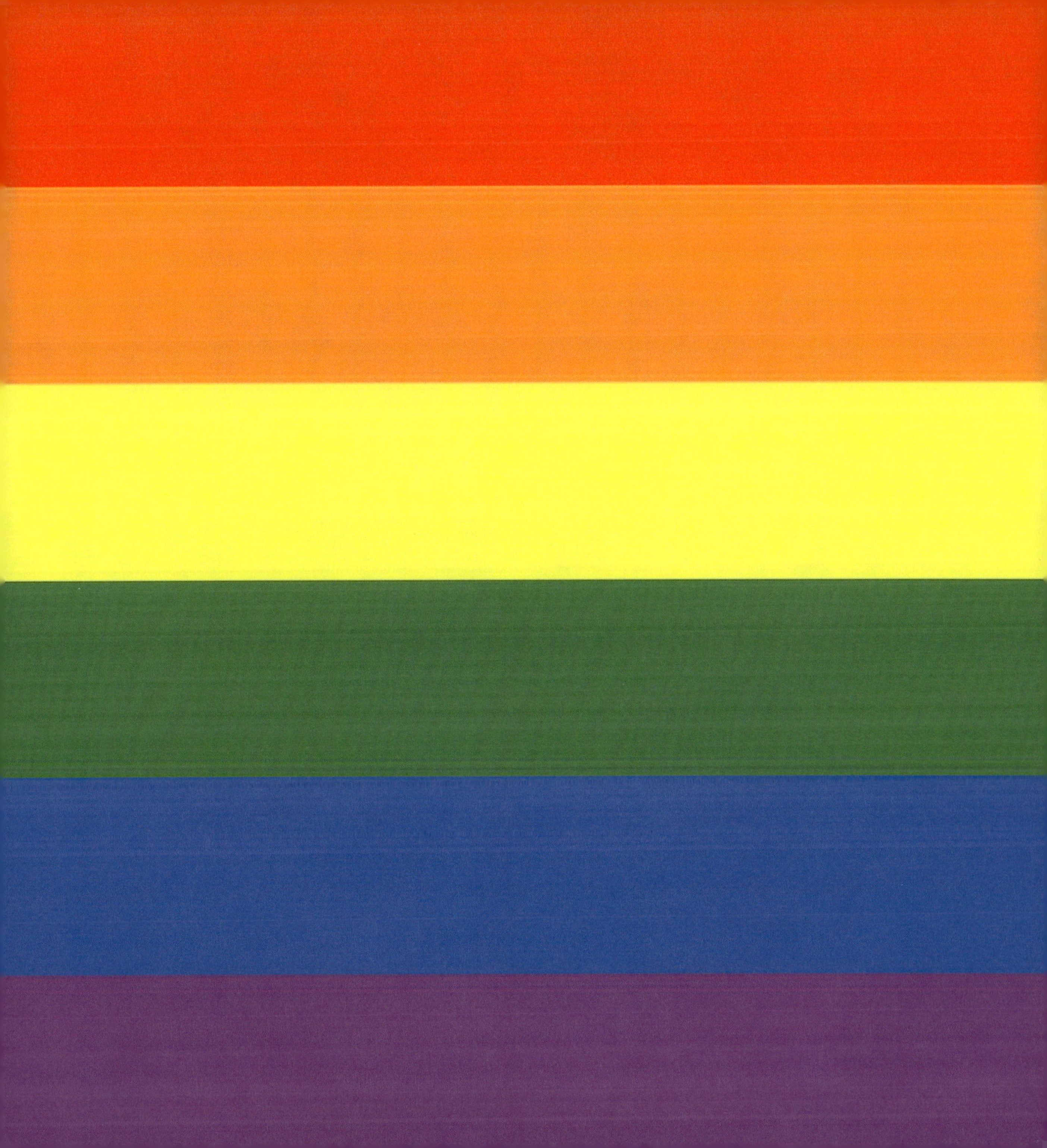